CATALOGUE

Des Auteurs Claſſiques, Grecs & Latins,
des plus belles & des meilleures éditions,
& très-bien conditionnés, faiſant partie
du Cabinet de Livres du Citoyen * * *. *firmin Didot*

*Dont la Vente ſe fera les 17 & 18 Bru-
maire an 6, (les 7 & 8 Novembre 1797,
v. ſt.), à quatre heures de relevée, en
l'une des ſalles du Muſée, rue de Thion-
ville, ci-devant Dauphine.*

SE DISTRIBUE A PARIS,

Chez les Citoyens { GUILLAUME DE BURE l'aîné, Libraire de la Bibliothèque Nationale, rue Serpente, N°. 6.
LE JEUNE, ancien Huiſſier-Priſeur, rue Guénégaud, N°. 42.

An VI, (1797, v. ſt.).

CATALOGUE
DES LIVRES
GRECS, LATINS, &c.
DU CITOYEN *** *firmin Didot.*

THÉOLOGIE.

1. VETUS Teftamentum ex verfione Septuaginta Interpretum, græcè. Edidit Jo. Jac. Breitingerus. *Tiguri Helvetiorum, Heideggerus,* 1730, 4 *vol. in-4°. veau j.* — — — — — — .12 .... D

2. Novum Teftamentum, juxta exemplar Millianum, græcè. Typis Jo. Baskerville. *Oxonii, è Typ. Clarend.* 1763, *in-8°. v. f.* — — — — 5 ....

3. Les Provinciales, par Bl. Pafcal, trad. en latin par G. Wendrock, en efpagnol par Grat. Cordero, & en italien par Cofimo Brunetti. *Cologne, B. Winfelt,* 1684, *in-8°. v. f.* — — — — 7 ....

SCIENCES ET ARTS.

4. Hieroclis Philofophi in aurea carmina Commentarius, gr. & lat. cum notis variorum. *Londini, G. Thurlbourn,* 1742, *in-8°. v. f. fil.* — — — 4 .... 3 ..

5. Jamblichi Chalcidenfis de Myfteriis Liber, gr. & lat. ex recenf. & cum notis Th. Gale. *Oxonii, è Theatro Sheldoniano,* 1678, *in-fol. v. b.* — — 8 .... .

6. Porphirii Philofophi de Abftinentiâ ab efu animalium libri IV, gr. & lat. cum notis variorum, — 7 .... 10 ..

recenfuit Jac. de Rhoer. *Traj. ad Rhen. Ab. a Paddenburg*, 1767, *in*-4°. *vel.*

7. Sexti Empirici Opera, gr. & lat. ex recenf. & cum notis Jo. Alb. Fabricii. *Lipfiæ* , *Jo. Fred. Gleditfchius* , 1718 , *in-fol. v. b.*

8. Theophrafti Characteres ethici , græcè & latinè cum notis variorum , ftudio Petri Needham. *Cantabrigiæ* , *Corn. Crownfield* , 1712 , *in - 8°. v. b.*

9. Epicteti Enchiridium , unà cum Cebetis Thebani Tabulâ , gr. & lat. cum notis variorum, curante Jac. Gronovio. *Delphis Batavorum* , 1683, *in*-8°. *fig. vel.*

10. Epicteti quæ fuperfunt Differtationes ab Arriano collectæ , gr. & lat. cum not. var. & ex recenfione Jo. Uptoni. *Londini* , *Woodward* , 1741 , 2 *vol. in*-4°. *v. ec. fil.*

11. De l'Efprit , par Helvétius. *Paris* , *Durand* , 1758 , *in*-4°. *v. m.*

12. C. Plinii Secundi Hiftoriæ naturalis libri XXXVII, cum notis variorum , ex recenf. Jo. Frid. Gronovii. *Lugd. Bat. apud Hackios* , 1669 , 3 *vol. in*-8°. *m. r.*

13. C. Plinii Secundi Hiftoriæ naturalis libri XXXVII, cum notis Jo. Harduini. *Parifiis* , *Ant. Urb. Couftelier* , 1723 , 3 *vol. in-fol* , *v. m. fig. Ch. Mag.*

14. Hippocratis Coi Opera omnia , gr. & lat. ftudio Joan. Ant. Vander Linden. *Lugd. Bat. Daniel* , *à Gaasbeeck* , 1665 , 2 *vol. in*-8°. *v. b.*

14 *bis.* Tables portatives des Logarithmes, par Fr. Callet, édition ftéréotype, gravée, fondue & imprimée par Firmin Didot. *Paris* , *Didot* , 1795 , An III, *in*-8°. *Pap. Fin , br. tiré fur Pap. in*-4°.

(3)

15. Hugonis Grotii Syntagma Arateorum, gr. & lat. *Ex Officinâ Plantinianâ apud Chrift. Raphelingium*, 1600, *in-4°. v. m. fil.*

15 *bis.* Nouvelle Architecture hydraulique, contenant l'art d'élever l'eau au moyen de différentes machines, &c. par le Cit. Prony. *Paris, Firmin Didot*, 1790, 2 *vol. in-4°. fig. br. en carton, Pap. Vélin.*

16. De l'origine des Loix, des Arts & des Sciences, & de leurs progrès chez les anciens peuples, par Goguette. *Paris, Defaint,* 1758 , 3 *vol. in-4°. v. j. fil.*

17. Defcription des projets & de la conftruction des Ponts de Neuilly , de Mantes, d'Orléans , & autres, par M. Perronet. *Paris , de l'Imp. Royale,* 1782 , 3 *vol. in-fol. fig. dem. rel.*

18. Poliæni Strategematum libri octo, gr. & lat. cum notis variorum. *Lugd. Bat. Joan. du Vivié,* 1690 , *in-8°. v. b.*

19. Veteres de Re Militari Scriptores, cum notis variorum. *Vefaliæ Clivorum, And. ab Hoogenhuifen,* 1670 , 2 *vol. in-8°. fig. v. b.*

20. S. Julii Frontini libri IV ftrategematicon , cum notis variorum , curante Franc. Oudendorpio. *Lugd. Bat. Sam. Luchtmans ,* 1731 , *in-8°. vel.*

BELLES-LETTRES.

21. De la manière d'enfeigner & d'étudier les Belles-lettres , par rapport à l'efprit & au cœur, par M. Rollin. *Paris, Veuve Etienne,* 1740 , 2 *vol. in-4°. v. m. fil. Gr. Pap.*

22. Jo. Daniel. a Lennep Etymologicum Linguæ

græcæ. *Trajecti ad Rhenum*, 1790, 3 *vol. in-8°. v. porph.*

23. Moeridis Atticiftæ Lexicon Atticum , gr. & lat. ex recenfione Joan. Pierfonii. *Lugd. Bat. Pet. Vander Eyk*, 1759, *in-8°. v. porph.*

24. Joan. Fred. Reitzius de Ambiguis , Mediis & Contrariis : five de Significatione latinorum verborum ac phrafium ambiguâ. *Traj. ad Rhen. M. L. Charlois*, 1736, *in-8°. v. f.*

25. Dionyfii Longini de Sublimitate Commentarius gr. cum novâ verfione lat. & notis Zachariæ Pearce. *Londini, Tonfon*, 1732, *in-8°,v.j.*

26. Lyfiæ Athenienfis Orationes gr. & lat. ex interpretatione & cum notis Jo. Taylori. *Cantabrigiæ Typ. Academ.* 1740 , *in-8°. v. f.*

27. Demofthenis opera græcè. *Lutetiæ, Jacobus Dupuis*, 1570, *in-fol. v. j. fil.*

28. Demofthenis & Æfchinis Opera, gr. & lat. ex recenf. Jo. Taylor. *Cantabrigiæ, Typis Acad.* 2 *vol. in-4°. v. f. fil.*

29. Themiftii Orationes XXXIII , gr. & lat. curâ Dion. Petavii. *Parifiis, è Typog. Regiâ*, 1684, *in-fol. v. b.*

30. M. Tullii Ciceronis Opera cum deleĉtu commentariorum ; ftudio Jof. Oliveti. *Parifiis, Coignard* , 1740 , 9 *vol.* in-4°. *v. m. fil.*

31. M. Fab. Quintiliani Opera omnia cum notis variorum. *Lugd. Bat. ex Offic. Hackianâ*, 1665, 2 *vol. in-8°. vel.*

32. M. Fabii Quintiliani de Oratoriâ Inftitutione libri XII, ex recenfione Cl. Capperonerii. *Parifiis, Ant. Urb. Couftelier*, 1725 , *in-fol. v. f. Ch. Mag.*

33. C. Plinii Secundi Panegyricus, cum notis var.

N° 34 Poeta. f. 50ᵗᵖ

N° 35. Homerus. f.

curante Joan. Arntzenio. *Amſtelodami, Janſſonius Waesbergius*, 1738, *in-4°. v. m. fil.*

34. Poetæ Græci principes heroici carminis & alii nonnulli, græcè, ex recenſ. Henrici Stephani. *excudebat Henr. Stephanus*, 1566, *in-fol. v. éc. fil.*

35. Homeri Ilias & Odiſſea gr. & lat. ſtudio Joſuæ, Barnes. *Cantabrigiæ, Crownfield*, 1711, 2 *vol. in-4°. m. r.*

36. Homeri Opera omnia, gr. & lat. cum annotationibus Sam. Clarke. *Londini, Jo. Knapton*, 1740, 4 *vol. in-4°. v. m. fil.*

37. L'Iliade & l'Odyſſée d'Homere, trad. en françois, avec des remarques, par Madame Dacier. *Paris, Rigaud*, 1711, 6 *vol. in-12, m. bl.*

On a joint à cet exemplaire les figures de Bern. Picart.

38. Homeri Ilias ad veteris codicis Veneti fidem recenſita, cum ſcholiis græcis curâ J. B. d'Anſſe de Villoiſon. *Venetiis, Coleti*, 1788, *in-fol, v. j. fil.*

39. Lexicon Homericum, auctore Lud. Coulon. *Pariſiis, Seb. Cramoiſy*, 1643, *in-8°. v. b.*

40. Quinti Calabri prætermiſſorum ab Homero libri XIV, gr. & lat., cum notis variorum, curante Jo. Corn. de Pauw. *Lugd. Bat. Jo. Van. Abcoude*, 1734, *in-8°. v. m.*

41. Incerti ſcriptoris græci Fabulæ aliquot Homericæ de Ulixis Erroribus, ethicè explicatæ, gr. & lat. ſtud. Joan. Columbi. *Lugd. Bat. Phil. Bonk*, 1745, *in-8°. v. m.*

42. Tryphiodori Ilii excidium, gr. lat. & anglicè, cum annotationibus Jacobi Merrick. *Oxonii è Theatro Sheldoniano, in-8°. v. m. fil. Ch. Mag.*

43. Heſiodi Aſcræi & Procli Hymni, gr. lat. & ital. accurante Ant. Zanolini. *Patavii, Joan. Manfré*, 1747, *in-8°. v. m.*

44. Hesiodi Ascræi quæ extant, gr. & lat. cum notis variorum, curante Christ. Frid. Loesnero. *Lipsiæ, Theoph. Georgi,* 1778, *in-8°. v. m.*

45. Les Poésies d'Anacréon & de Sapho, en grec & en françois, avec des remarques, par Madame Dacier. *Amsterdam, Veuve de Paul Marret,* 1716, *in-8°. v. b.*

46. Sapphus Poetriæ Lesbiæ Fragmenta & Elogia, gr. & lat. cum notis variorum, curâ Jo. Christ. Wolfii. *Londini, Abrah. Vandenhoeck,* 1733, == Poetriarum octo Fragmenta & Elogia, gr. & lat. cum notis variorum, curâ Jo. Christ. Wolfii. *Hamburgi, Ab. Vandenhoeck,* 1734. == Mulierum græcarum quæ oratione prosa usæ sunt Fragmenta & Elogia, gr. & lat. cum notis variorum, curâ J. C. Wolfii. *Londini Jo. Nourse,* 1739, *in-4°. v. b.*

47. Pindari Olympia, Pythia, &c. gr. & lat. studio M. Æmilii Porti. *Apud H. Commelinum,* 1582, *in-8°. v. b.*

48. Pindari Olympia, Pythia, Nemea, Isthmia, gr. & lat. curâ Joan. Benedicti. *Salmurii, Piededius,* 1620, *in-4°. v. b.*

49. Menandri & Philemonis reliquiæ, gr. & lat. cum notis variorum. *Amstelodami, Lombrail,* 1709, *in-8°. v. j.*

50. Callimachi Hymni, Epigrammata & Fragmenta, gr. & lat. cum notis variorum, ex recens. Th. J. G. F. Grævii. *Ultrajecti, Franc. Halma,* 1697, 2 *vol. in-8°. v. b.*

51. Callimachi Hymni & Epigrammata, quibus accesserunt Theognidis Carmina, &c. gr. & lat. *Londini, G. Thurlbourn,* 1741, *in-8°. baf.*

52. Callimachi Hymni & Epigrammata, græcè.

No 54 Apollonius. f. mh.

No 58 Euripides. f. bm.

No 59. Aristophanes. f. po.

Glafguæ, Rob. & And. Foulis, 1755 , *in-fol.
fig. v. éc. fil.*

53. Callimachi Hymni , Epigrammata & Fragmenta , gr. & lat. cum notis variorum , ex
recenfione Jo. Aug. Ernefti. *Lugd: B.it. Sam.
Luchtmans ,* 1761 , 2 *vol. in-*8°. *v. m.* 17....1.

54. Apollonii Rhodii Argonauticorum libri IV ,
gr. & lat. ex recenfione Joan. Shaw. *Oxonii ,
è Typ. Clarendoniano ,* 1777, 2 *tom. rel. en* 1 *vol.
in-*4°. *v. f. fil.* 22....19..

55. Mufæi Grammatici de Herone & Leandro
Carmen , gr. & lat. ex recenfione Matt. Ro-
ver. *Lugd. Bat. Theod. Haak ,* 1737 , *in-*8°.
vélin. 5....1..

55 *bis.* Tragœdiæ feleɛtæ Æfchyli, Sophoclis, Euripidis , græcè , cum duplici interpretatione latinâ.
Excudebat Henr. Stephanus, 1567, 3 *vol. in-*12, *v. f.* 6....

56. Sophoclis Tragœdiæ feptem, gr. & lat. cum
fcholiis ; editionem curavit Joan. Capperonnier ;
edidit Jo. Fr. Vauvilliers. *Parifiis , G. de Bure ,*
1781 , 2 *vol. in-*4°. *v. éc. fil.* 18....

57. Sophoclis Tragœdiæ VII græcè , cum novâ
verfione , fcholiis veteribus , notis & variis lec-
tionibus , operâ Th. Johnfon. *Etonæ , T. Pote ,*
1788 , 2 *vol. in-*8°. *v. m.* 12...

58. Euripidis quæ extant omnia , gr. & lat. cum
not. var. & ex recenfione Samuelis Mufgrave.
Oxonii , è Typographeo Clarendoniano , 1778 ,
4 *vol. in-*4°. *v. j. fil.* 60....19

59. Ariftophanis Comœdiæ undecim , gr. & lat.
cum notis variorum , & ex recenf. Ludolphi
Kufteri. *Amftelodami , Fritfch ,* 1710 , *in-fol.
v. b.* 27....

60. Poëtæ Latini minores , cum notis variorum , 17....

curante Petro Burmanno. *Leidæ, Conr. Wishoff,* 1731, 2 *vol. in-*4°. *v. m.*

61. Poëtæ Latini rei Venaticæ fcriptores & Buco-
lici antiqui, cum notis variorum, ftudio Gerardi
Kempheri. *Lugd. Bat. Jo. Arn. Langerak,* 1728,
*in-*4°. *v. b.*

62. Q. Ennii Fragmenta quæ fuperfunt, accurante
Franc. Heffelio. *Amftelodami, ex officinâ Wetfte-
nianâ,* 1707, *in-*4°. *vél.*

63. Titi Lucretii Cari de rerum Naturâ libri fex.
Birminghamiæ, Jo. Baskerville, 1773, *in-*8°. *m. r.*

64. Lucrèce, traduction nouvelle, avec des notes,
par M. de la Grange. *Paris, Bleuet,* 1768, 2 *vol.
in-*8°. *fig. m. r.*

65. Catulli, Tibulli & Propertii Opera. *Birminghamiæ, Jo. Baskerville,* 1772, *in-*8°. *m. r.*

66. Catulli, Tibulli & Propertii Opera. *Birminghamiæ, Jo. Baskerville,* 1772, *in-*4°. *m. r.*

67. P. Virgilii Maronis Opera, cum notis var.
curante Panc. Mafvicio. *Leovardiæ, Halma,* 1717,
2 *vol. in-*4°. *vél.*

68. Pub. Virgilii Maronis Bucolica, Georgica &
Æneis. *Birminghamiæ, Jo. Baskerville,* 1766,
*in-*8°. *m. r.*

69. Antiquiffimi Virgiliani codicis Fragmenta &
Picturæ ex Bibliothecâ Vaticanâ ad prifcas ima-
ginum formas à Pet. Sante Bartholi incifæ. *Romæ,
Marmoreus,* 1741, *in-fol. fig. v. m.*

70. Q. Horatius Flaccus, ex recenf. & cum notis
Rich. Bentleii. *Lipfiæ, Georgi,* 1764, 2 *vol. in-*
8°. *v. m.*

71. Q. Horatii Flacci Opera, ad fidem LXXVI
codicum, curante Jof. Valart. *Parifiis, Mich.
Lambert,* 1770, *in-*8°. *m. verd dent.*

N° 71. Horatius. f 5ᵗ

72. Q. Horatii Flacci Carmina, cum annotationibus
gallicis Lud. Poinsinet de Sivry. *Parisiis, Didot,*
1777, 2 *vol. in-8°. v. m.* - - - - · · ·

73. Œuvres d'Horace en latin & en françois, avec
des remarques de Dacier, Bentlei, Cuningam
& Sanadon. *Hambourg, Abraham Vandenhoeck,*
1733, 10 *vol. in-12, v. f.* - - - · ·

74. Phædri Augusti Liberti Fabularum Esopiarum
libri V, ex recensione Dav. Hoogstratani. *Amste-*
lodami, Franc. Halma, 1701, *in-4°. fig. m. r.* ·

75. Pub. Ovidii Nasonis Opera, cum notis varior.
curâ Petri Burmanni. *Amstelod. Janssonius Waesber-*
gius, 1727, 4 *vol. in-4°. bas.* · - - - · ·

76. M. Annæi Lucani Pharsalia, cum commentario
Pet. Burmanni. *Leidæ, Wishoff,* 1740, *in-4°.*
v. j. fil. - - - · - - - - · ·

77. C. Silii Italici Punicorum libri XVII, cum notis
variorum, curante Arnoldo Drakenborch. *Traj.*
ad Rhen. Guil. Vande Water, 1717, *in-4°. fig. v. b.* -

78. C. Valerii Flacci Argonauticon libri octo, cum
not. var. curante P. Burmanno. *Leidæ, Luchtmans,*
1724, *in-4°. v. j. fil.* - - - · · · ·

79. D. Junii Juvenalis & Auli Persii Flacci Satyræ.
Birminghamiæ, Jo. Baskerville, 1761, *in-4°. m.*
r. dent. - - - - - - - - · ·

80. M. Valerii Martialis Epigrammata, ad usum
Delphini, ex recensione Lud. Smids. *Amstelodami,*
G. Gallet, 1701, *in-8°. fig. vél.* - - - · ·

81. D. Magni Ausonii Burdigal. Opera. Interpre-
tatione & notis illustravit Jul. Floridus in usum
Delphini, recensuit J. B. Souchay. *Parisiis,*
Jac. Guerin, 1730, *in-4°. v. éc.* - - - · ·

82. Pervigilium Veneris, cum notis variorum.
Hagæ comit. H. Scheurleer, 1712, *in-8°. v. éc.* · ·

83. Claudii Claudiani Opera omnia, cum notis variorum, ex recensione Petri Burmanni secundi. *Amstelodami, ex officinâ Schouteniană*, 1760, *in-4°. baf.*

84. Pub. Terentii Afri Comœdiæ. *Birminghamiæ, Jo. Baskerville*, 1772, *in-8°. m. r.*

85. Calvidii Leti (Claudii Quilleti), Callipœdia, seu de Pulchræ prolis habendæ ratione, poema. *Parisiis, Th. Jolly*, 1655, *in-4°. v. f.*

86. Les Œuvres de Clément Marot, avec les ouvrages de Jean Marot, son père, & de Michel Marot, son Fils. *La Haye, Gosse*, 1731, *4 vol. in-4°. v. b. fil.*

87. Poéfies de Malherbe, rangées par ordre chronologique. *Paris, Jof. Barbou*, 1757, *in-8°. v. éc.*

88. Œuvres de J. B. Roufseau. *Bruxelles (Paris, Didot.)*, 1743, *3 vol. in-4°. m. bl.*

89. L'Art de peindre, poëme, avec des réflexions fur les différentes parties de la peinture, par Watelet. *Paris, Guerin*, 1760, *in-4°. fig. m. bl.*

90. Les Mois, Poëme en douze Chants, par Roucher. *Paris, Quillau*, 1779, *2 vol. in-4°. fig. v. éc.*

91. Œuvres Dramatiques de Néricault Deftouches. *Paris, de l'Imp. Royale*, 1757, *4 vol. in-4°. v. m. fil.*

92. Opufcula Mythologica, Phyfica & Ethica, gr. & lat. cum notis variorum. *Amstelodami, H. Wetftenius*, 1688, *in-8°. vél.*

93. Auctores Mythographi latini, cum notis var. curante Auguftino Van Staveren. *Lugd. Batav. Luchtmans*, 1742, *in-4°. v. m.*

94. Gab. Faerni Fabulæ centum ex antiquis auc-

toribus delectæ, in gallicum fermonem tranflatæ
à Cl. Perrault. *Londini*, *G. Darres*, 1743, *in-4°.*
fig. m. verd.

95. Xenophontis Ephefii Ephefiacorum libri V de
amoribus Anthiæ & Abrocomæ, gr. & lat. ftud.
Ant. Cocchii. *Londini*, *Gul. Bowyer*, 1726,
in-4°. v. éc. Ch. Mag. - - - - - - - - - .   20.... 19°.

96. Athenæi Deipnofophiftarum libri XV, gr. &
lat. cum. notis Ifaaci Cafauboni. *Lugduni*, *vidua*
Ant. de Harfy, 1612, *2 tomes reliés en 1 vol.*
in-fol. v. m. fil. - - - - - - - - - - - .   20.... 1..

97. Auli Gellii Noctium Atticarum libri XX, cum
notis variorum, curâ Jac. Gronovii. *Lugd. Bat.*
Corn. Boutefteyn, 1706, *in-4°. vél.* - - - .   18.... 1..

98. Aur. Theod. Macrobii Opera, cum notis var.
ex recenf. Jo. Car. Zeunii. *Lipfiæ*, *Th. Georgi*,
1774, *in-8°. v. m.* - - - - - - - - .   10.... 19..

99. Alexandri ab Alexandro genialium dierum libri
fex, cum notis variorum. *Lugd. Bat. ex officinâ*
Hackianâ, 1673, *2 vol. in-8°. v. b.* - - - -   10....12..

100. Michaelis Apoftoli Paroemiæ, gr. & lat. cum
notis Petri Pantini. *Lugd. Bat. ex officinâ Elze-*
virianâ, 1619, *in-4°. baf.* - - - - - - .   5....12..

101. Luciani Samofatenfis philofophi Opera omnia
quæ extant, gr. & lat. ex recenf. Jo. Bourdelotii.
Lutetiæ Parifiorum, *Bertault*, 1615, *in-fol.*
mar. puce. - - - - - - - - - - ...   25.--

102. Philoftratorum quæ fuperfunt omnia, gr. &
lat. ftud. Got. Olearii. *Lipfiæ*, *Fritfch*, 1709,
in-fol. v. f. fil. - - - - - - - - - . 18....

103. Juliani Imperatoris Opera quæ fuperfunt
omnia & fancti Cyrilli contra eumdem libri
decem, gr. & lat. edidit Ezechiel Spanhemius.
Lipfiæ Weidmannus, 1696, *in-fol. vél.* - - - ...   20.--- 1.

104. Georgii Buchanani Opera omnia, curante Th. Ruddimanno. *Lugd. Bat. Jo. Arn. Langerak,* 1725, 2 *vol. in-*4°. *vél.*

105. Les essais de Michel Seigneur de Montaigne, avec des remarques par Pierre Coste. *Londres, Tonson,* 1724, 3 *vol. in-*4°. *v. f. fil.* Avec le supplément.

106. Œuvres de Scarron. *Paris, Michel David,* 1726, 12 *vol. in-*12, *fig. v. f.*

107. Œuvres de M. de la Fontaine. *Anvers, Henri Sauvage,* 1726, 3 *vol. in-*4°. *v. m. fil.*

108. Œuvres diverses de M. de Fontenelle. *La Haye, Gosse,* 1728, 3 *vol. in-*4°. *fig. de Bern. Picart, v. m. fil.*

109. Œuvres de M. de Montesquieu. *Londres, Nourse,* 1767, 3 *vol. in-*4°. *v. m. fil.*

110. Caii Plinii Secundi Epistolarum libri decem, cum notis variorum, & ex recens. Dan. Longolii. *Amstelodami, apud Janssonio - Waesbergios,* 1734, *in-*4°. *v. j.*

HISTOIRE.

111. Strabonis rerum geographicarum libri XVII, gr. & lat. cum notis variorum, curâ Theod. Janssonii ab Almeloveen. *Amstelodami, Joan. Wolters,* 1707, 2 *vol. in-fol. v. b.*

112. Stephanus Byzantinus de Urbibus, gr. & lat. edidit & observationes adjecit. Th. de Pinedo. *Amstelodami, de Jonge,* 1678, *in-fol. vél.*

113. Stephanus Byzantinus de Urbibus, gr. & lat. ex versione & cum commentario Abrahami Berkelii. *Lugd. Bat. Haaring,* 1694, *in-fol. vél.*

114. Lucæ Holstenii Notæ & castigationes in Steph.

Nº 106 Scarron, Théophile

Byzantinum de Urbibus. *Lugduni Batavorum,
Vander Aa.* 1692 , *in-fol. vél.*

115. Pomponii Melæ de fitu orbis libri tres ,
cum notis var. curante Abrah. Gronovio. *Lugd.
Bat. Luchtmans,* 1748 , *in-8°. vel.* - - - -   16...

116. L'Art de vérifier les dates des Faits hifto-
riques des Chartes , des Chroniques , &c. par
Dom Clément. *Paris , Jombert,* 1783 , *3 vol.
in-fol, v. éc. fil.* - - - - - - - - - -   142...

117. Juftini Hiftoriæ Philippicæ, cum notis varior.
curante Abrah. Gronovio. *Lugd. Bat. Sam.
Luchtmans,* 1760, *in-8°. v. b.* - - - - -   10.-

118. Flavii Jofephi quæ reperiri potuerunt Opera
omnia, gr. & lat. cum notis & novâ verfione
Jo. Hudfoni , & ex recenfione Sigeb. Havercampi. *Amfteledami Wetftenius,* 1726 , *2 vol.
in-fol. v. m. fil.* - - - - - - - - - -   55...

119. Dictys Cretenfis & Dares Phrygius de bello
& excidio Trojæ , in ufum Delphini. *Amfteledami , Gallet,* 1702, *in-4°. v. b.* - - - - -   8...

120. Paufaniæ Græciæ Defcriptio , gr. & lat. cum
notis Joach. Kuhnii. *Lipfiæ , Th. Fritfch,* 1696,
in-fol. v. b. - - - - - - - - - - -   36...-1..

121. Herodoti Halicarnaffenfis Hiftoria , gr. &
lat. *Glafguæ , Foulis,* 1761 , *9 vol. in-8°. v. éc.* -   33 --- 19.

122. Thucydidis de Bello Peloponefiaco libri octo,
gr. & lat. cum notis variorum, curante And.
Dukero. *Amftelodami , Wetftenius,* 1731 , *in-fol.
v. f. fil.* - - - - - - - - - - -   60...,

123. Xenophontis Philofophi & Imperatoris, quæ
extant Opera, gr. & lat. operâ Jo. Leunclavii.
*Lutetiæ Parifiorum , apud Societ. græcarum edi-
tionum,* 1625 , *in-fol, m. r. dent.* - - -   19....

124. Diodori Siculi Bibliothecæ Hiftoricæ , libri   80...

qui fuperfunt, gr. & lat. ex recenf. Pet. Wef-
felingii. *Amfteledami, Wetftenius*, 1746, *2 vol.
in-fol. v. m. fil.*

125. Arriani Expeditionis Alexandri magni libri
feptem, & hiftoria Indica, gr. & lat. operâ
Jac. Gronovii. *Lugd. Bat. Vander Aa.* 1704,
in-fol. v. j. fil.

126. Romanæ hiftoriæ Scriptores Græci minores,
qui partìm ab urbe conditâ, partìm ab Augufti
Imperio, Res Romanas memoriæ prodiderunt,
gr. & lat. ftudio Frid. Sylburgii. *Francofurti,
ap. hæredes Wecheli*, 1590, *in-fol. v. m. fil.
d. f. t.*

127. Dionyfii Halicarnaffenfis Antiquitatum Romanarum libri quotquot fuperfunt, gr. & lat. ex
recenfione Jo. Hudfoni. *Oxonii, è Theatro Sheldoniano*, 1704, *2 vol. in-fol. v. f.*

128. Titi Livii Hiftoriæ, ex recenfione J. Fr. Gronovii. *Lugd. Bat. ex officinâ Elzevirianâ,* 1645,
3 vol. in-12, v. porph.

129. Titi Livii Hiftoriarum quod extat, cum not.
var. curante Jac. Gronovio. *Amftelodami, apud
Dan. Elzevirium*, 1679, *3 vol. in-8°. v. fil.*

130. Titi Livii Patavini Hiftoriarum ab urbe conditâ libri qui fuperfunt XXXV. Recenfuit &
notis illuftravit J. B. L. Crevier. *Parifiis, Quillau,* 1735, *6 vol. in-4°. v. f. fil.*

131. L. Annæi Flori Epitome Rerum Romanarum,
cum notis variorum, ex recenf. Jo. G. Grævii.
Amftelodami, G. Gallet, 1702, *2 vol. in-8°.
v. b.*

132. C. Velleii Paterculi quæ fuperfunt, cum not.
variorum, curante Pet. Burmanno. *Roterodami,
Jo. Den. Beman,* 1756, *in-8°. v. m.*

133. Polybii Lycortæ, Hiftoriarum libri qui fuperfunt, gr. & lat. ex verfione Ifaaci Cafauboni.
Parifiis, Drovardus, 1609, *in-fol. m. vert, dent.* . 39 19

134. Polybii Lycortæ Hiftoriarum libri qui fuperfunt, gr. & lat. cum not. var. curante Ifaaco
Cafaubono. *Amftelodami, Janffon*, 1670, 3 vol.
in-8°. v. f. fil. d. f. t. 28

135. Hiftoire de Polybe , traduite du grec par
Dom Vincent Thuillier, avec un Commentaire
par Folard. *Paris, Gandouin*, 1727, 6 *vol. in-4°.*
fig. v. m. . 27 ... 19

136. Polybii , Diodori Siculi , Nic. Damafceni ,
& aliorum excerpta, gr. & lat. ftudio Henrici
Valefii. *Parifiis , Mat. Du Puis* , 1634 , *in-4°.*
baf. 13 10

137. Appiani Alexandrini Romanarum Hiftoriarum libri , græcè. *Lutetiæ , Typis Regiis , curâ*
Caroli Stephani , 1551 , *in-fol. v. m.* . 5 .... 1.

138. Appiani Alexandrini Hiftoriæ , gr. & lat.
cum notis variorum. *Amftelodami , Jo. Janf. a*
Waesberge, 1670 , 2 *vol. in-8°. v. b.* . 16 ... 19

139. C. Crifpi Salluftii quæ extant , cum notis
variorum, curâ Sigeb. Havercampi. *Amftelodami,*
Fr. Changuion, 1742, 2 *vol. in-4°. v. m.* . 25 ....

140. C. Julii Cæfaris de Bellis gallico & civili
Pompeiano, commentarii, cum notis variorum,
curâ Franc. Oudendorpii. *Lugd. Bat. Sam. Lucht-*
mans, 1737 , *in-4°. vél.* . 17 ... 19

141. C. Cornelii Taciti Opera. Recognovit, emen-
davit, &c. Gabriel Brotier. *Parifiis , Lud. Fr.*
Delatour, 1771 , 4 *vol. in-4°. v. éc. fil.* . 77 ....

142. C. Suetonius Tranquillus, cum notis var.
curante Pet. Burmanno. *Amftelodami, apud Janf-*
fonio-Waefbergios, 1736, 2 *vol. in-4°. v. f.* . 22 ....

143. Caſſii Dionis Hiſtoriæ Romanæ quæ ſuperſunt , gr. & lat. ex recenſ. Sam. Reimari.
Hamburgi , Heroldus , 1750 , 2 vol. in-fol, v. j.

144. Herodiani Hiſtoriarum libri octo , gr. & lat.
recogniti & notis illuſtrati. *Oxoniæ , è Th. Sheldoniano , 1704 , in-8°. v. m. fil.*

145. Ammiani Marcellini Libri qui ſuperſunt , cum
notis variorum , ſtudio Jac. Gronovii. *Lugd.
Bat. Pet. Vander Aa , 1693 , in-fol. fig. v. b.*

146. Hiſtoriæ Auguſtæ ſcriptores VI , cum notis
variorum. *Lugd. Bat. ex officinâ Hackianâ , 1671,
2 vol. in-8°. v. b.*

147. Hiſtoire Romaine , depuis la fondation de
Rome juſqu'à la bataille d'Actium , par M. Rollin.
*Paris , Veuve Eſtienne , 1752 , 8 vol. in-4°. v.
m. fil. Gr. Pap.*

148. Hiſtoire des Grands Chemins de l'Empire
Romain , par Nic. Bergier. *Bruxelles , Jean Leo-
nard , 1728 , 2 vol. in-4°. fig. v. m. fil. Gr. Pap.*

149. Hiſtoire de France , par MM. Velly , Villa-
ret & Garnier , avec l'avant - Clovis. *Paris ,
Saillant , 1770 , 16 vol. in-4°. v. porph. fil.*

150. Nouvel Abrégé chronologique de l'Hiſtoire
de France , par le Préſident Henault. *Paris ,
Prault , 1768 , 2 tomes reliés en 1 vol. in-4°, v. m.*

151. Le Pitture antiche d'Ercolano e contorni
incife con qualche ſpiegazione. *Napoli , 1757 ,
7 vol. in-fol. max. fig. dem. rel.*

152. Monumenta Sepulcrorum cum epigraphis
ingenio & doctrinâ excellentium virorum de
archetypis expreſſa per Tobiam Fendt. 1574 ,
in-fol. fig. vél.

153. De l'uſage des Statues chez les Anciens. *Bruxelles , de Boubers , 1768 , in-4°. v. f. fil.*

154. Origines Typographicæ, Gerardo Meerman auctore. *Hagæ Comit. Nic. Van Daalen,* 1765, 2 *vol. in-*4°*. fig. v. f. dent. Ch. Mag. l. r.* - - - - 32 .... 19 2

155. Histoire & Mémoires de l'Académie des Inscriptions & Belles-Lettres, depuis son établissement jusqu'à présent. *Paris, de l'Imp. Royale,* 1736, 46 *vol. in-*4°*. fig. v. m.*

156. Notices & Extraits des Manuscrits de la Bibliothèque du Roi. *Paris, de l'Imp. Royale,* 1787, 3 *vol. in-*4°*. v. m.* } 300 ....

157. Photii Myriobiblon, five Bibliotheca librorum quos legit & censuit Photius, gr. & lat. ex versione And. Schotti. *Rothomagi, Berthelin,* 1653, *in-fol. v. m.* - - - - - - - - - - 20 ....

158. Jo. Alberti Fabricii Bibliotheca græca, five notitia Scriptorum veterum græcorum. *Hamburgi, Liebezeit,* 1708, 14 *vol. in-*4°*. v. m. fil.*

159. Jo. Alberti Fabricii Bibliographia antiquaria, five introductio in notitiam scriptorum qui Antiquitates Hebraicas, græcas &c. scriptis illustrarunt. *Hamburgi, Bohn,* 1760, *in-*4°*. v. m.* } 66 .. 2 ..

160. Diogenis Laertii de vitis, dogmatibus clarorum Philofophorum libri X, gr. & lat. ex recenf. & cum notis Ægidii Menagii. *Amftelodami, Henr. Wetftenius,* 1692, 2 *tom. rel. en* 1 *volume in-*4°*. v. f.* - - - - - - - - - 36 ....

161. Cornelii Nepotis Vitæ excellentium Imperatorum, cum notis variorum. *Lugd. Bat. ex offic. Hackianâ,* 1675, *in-*8°*. m. r.* - - - - - - 3 3

162. Cornelii Nepotis Vitæ excellentium Imperatorum, cum notis variorum, ex recenf. Aug. Van Staveren. *Lugd. Bat. Sam. Luchtmans,* 1773, *in-*8°*. v. f.* - - - - - - - 12 .... 19 ..

163. Cl. Æliani varia Hiftoria, gr. & lat. cum 18 .... 12 ..

notis variorum, curante Abrahamo Gronovio. *Lugd. Bat. Sam. Luchtmans*, 1731, 2 *vol. in*-4°. *v. porph.*

164. Valerius Maximus de dictis factisque memorabilibus veterum, cum notis variorum. *Lugd. Bat. ex offic. Hackianâ*, 1670, *in*-8°. *v. b.*

165. Valerii Maximi libri novem factorum dictorumque memorabilium, cum notis variorum, studio Abrah. Torrenii. *Leidæ, Sam. Luchtmans,* 1726, *in*-4°. *vél.*

166. Grand Plan de Paris, par l'Abbé de la Grive. Collé fur toile, & monté fur une gorge de bois doré.

167. Diocèfe de Sens. Collé fur toile & monté fur une gorge de bois noirci.

168. Plan de la ville de Lyon. Collé fur toile, & monté fur une gorge de bois d'Acajou.

169. Vue d'une partie de la ville de Lyon. Collée fur toile & montée fur une gorge de bois doré.

F I N.

Les Livres feront expofés dans l'ordre qui fuit:

Le 17 Brumaire.

Les Numéros 1 — 8.

Le 18.

Les Numéros 86 — 169.

www.ingramcontent.com/pod-product-compliance
Ingram Content Group UK Ltd.
Pitfield, Milton Keynes, MK11 3LW, UK
UKHW021146140726
13695UKWH00005B/1970